AF298778

HISTOIRE

D'UN TAMBOURINEUR

JAMES-LOUIS BLAIRET

Directeur — Rédacteur — Administrateur de la « DÉPÊCHE »

Prix : 50 centimes

TOULOUSE

IMPRIMERIE PAUL SAVY

Allées Lafayette, 10 bis.

—

1880

AUX LECTEURS

Il nous a paru indispensable d'édifier le public toulousain snr M. Louis Blairet, directeur, administrateur et rédacteur en chef de la *Dépêche*.

Deux journaux, le *Réveil* et la *Souveraineté du Peuple*, se sont appliqués à démasquer cet impudent personnage; mais les journaux se perdent, une brochure reste. Aussi avons-nous puisé, dans les deux feuilles ci-dessus, tout ce qui méritait d'être conservé, en complétant l'exposé qui en résulte par une étude attentive des manuscrits du dit Blairet, qui sont en notre possession.

Le rédacteur de la *Dépêche*, écrasé par les révélations faites sur son passé, a cherché à s'abriter derrière les plus grands noms de la démocratie. En publiant des lettres de Victor Hugo, de Garibaldi, d'Arthur Arnould, de Vacquerie, d'Olivier Pain, etc, lettres concédées à son importunité, il a essayé de mettre son républicanisme à l'abri de tous les soupçons. Il a osé écrire : Voilà mes parrains !

Mais Victor Hugo, Garibaldi, Olivier Pain lui-même, ignorent ce que fut Blairet avant d'être devenu directeur de la *Dépêche*. C'est pour le leur apprendre, à eux et à tous les républicains sincères, honnêtes, dévoués aux seuls intérêts de la démocratie, que nous publions cette brochure.

—

L'*Histoire d'un tambourineur* n'ayant été tirée qu'à un petit nombre d'exemplaires, tous ces exemplaires seront numérotés.

La mise en vente aura lieu le 1er janvier.

Mais on peut souscrire dès aujourd'hui, allée Lafayette, 10 bis.

Prix de l'*Histoire d'un tambourineur* : 50 centimes.

HISTOIRE

D'UN TAMBOURINEUR

Son arrivée à Toulouse

Au mois de juillet 1878, M. Sirven, propriétaire de la *Dépêche*, vendit son journal moyennant un bon prix à une société de financiers parisiens.

Ceux-ci ayant cherché dans leur entourage un homme qui pût remplir à la fois les fonctions de directeur et d'administrateur, tombèrent sur le sieur James-Louis Blairet, natif de Laignes (Côte-d'Or.)

Ce n'est pas avoir de la chance.

La *Dépêche*, journal de nouvelles et fait jusqu'alors à coups de ciseaux, n'avait qu'à continuer le métier qui lui avait si bien réussi, pour continuer à encaisser de beaux bénéfices.

Mais le Blairet avait son ambition à lui. Il se croit journaliste, et bien qu'on ne l'ait pris que pour «diriger» la *Dépêche*, il s'est mis en tête de la rédiger.

Ses premiers articles attirèrent, en effet, l'attention, mais par leur incongruité.

Il n'y avait pas deux mois qu'il était à Toulouse, lors-

qu'un jour il écrivit au rédacteur du *Réveil* à propos d'un
article de ce journal où son nom n'avait même pas figuré :

« Sachez, monsieur, qu'on ne blesse son adversaire,
» qu'avec DU FER ET DU PLOMB. »

Cette phrase monumentale eut le succès d'hilarité qu'elle
méritait. Elle valut au rédacteur-directeur-administrateur
de la *Dépêche* la réponse que voici :

« La *Dépêche*, pour répondre à ce que nous avons dit hier
de la distinction à établir entre le banquet qu'elle organise
et celui dont le *Réveil* a pris l'initiative, la *Dépêche* déclare
que nous l'avons diffamée et qu'elle ne nous permet pas « de
suspecter son républicanisme. »

» Les permissions que délivre M. Louis Blairet nous inté-
ressent fort peu ; nous ne lui en demanderons jamais aucune.
Nous jugeons les gens, non pas sur ce qu'ils disent, mais sur
ce qu'ils font. Or, nous avons trouvé jusqu'à ce jour la
Dépêche du côté des républicains pour rire, qui font de la
réaction à outrance. Rien ne prouve qu'il doive en être autre-
ment, parce que M. Blairet a succédé à M. Sirven. Dans tous
les cas, lorsque nous jugerons que la politique de la *Dépêche* est anti-républicaine, nous le dirons, comme par le passé,
sans nous soucier des rodomonts qui croient qu'il suffit d'en-
fler la voix pour se rendre redoutable.

» Ces manières ne remplacent le talent que dans la presse
bonapartiste.

» Que M. Blairet se le tienne pour dit. Ce n'est pas sa petite personnalité qui nous arrêtera.

» M. Blairet croit décidément que la province gobe les
hommes avec une naïveté adorable ; il croit qu'il suffit de
dire « je viens de Paris et du *Rappel* » pour qu'on voie en lui
quelqu'un d'important.

» Non, monsieur, en province, mieux encore qu'à Paris,
on juge les gens sur leurs œuvres. Jusqu'à présent on ne
s'est pas aperçu que vous soyez un aigle.

» Est-ce la conscience de cette désillusion du public
toulousain qui vous fait prendre des allures jusqu'ici réser-

yées aux pourfendeurs du bonapartisme et vous a dicté cette phrase incommensurable de prudhomie : « On ne doit jamais blesser un homme qu'avec du fer ou du plomb ? » Eh ! non, cher confrère, on ne blesse avec du fer et du plomb qu'entre gens de sac et de corde, ou entre envahis et envahisseurs.

» Entre concitoyens qui cherchent, les uns à éclairer le public, les autres à surprendre sa confiance, on blesse surtout avec la vérité !

» Votre risible colère le prouve bien. »

— C'est à cette phrase que Blairet doit le surnom de « Fer et plomb » qu'on lui a donné dans plusieurs journaux, et qu'on lui maintient, quoi qu'il l'ait bien peu justifié depuis.

Sa querelle avec la « Souveraineté du Peuple »

Blairet avait sans doute besoin d'une querelle pour émerger du commun des barbouilleurs de papier. A diverses reprises, mais toujours sans rime ni raison, ses lourds brocards prirent les bonapartistes pour cible. Passe encore si ces attaques avaient prouvé quelque esprit ! On rage moins d'avoir affaire à un ennemi digne de réplique qu'à un lourdaud.

La *Souveraineté du peuple* répondit, et un jour, ayant trouvé dans un journal de Lyon un article concernant ledit Blairet, elle le reproduisit dans ses colonnes. En voici le passage le plus grave :

« Il y avait une fois dans un journal républicain de Lyon, indirectement *subventionné par un prince de la famille impériale*, un journaliste qui soutenait, en signant les articles de son nom, la candidature de M. Bonnet-Duverdier, le bibliophile que l'on sait, et le comité central qui patronnait cette candidature...

» Ce journaliste fréquentait même les réunions de ce comité, où il foudroyait de son éloquence les infâmes opportunistes qui ne voulaient pas de M. Bonnet-Duverdier.

« Or, en même temps, dans une ville éloignée,
y avait un journal qui, dans les correspondances de
disait pis que pendre de M. Bonnet-Duverdier et
central...

« Et l'on se demandait qui pouvait si bien insulter
didat et son comité, quand, un soir, un employé du télé-
phe apporte dans les bureaux du journal républicain de
une dépêche mêlée à toutes celles qui faisaient partie du
vice de ce journal.

« On l'ouvre par mégarde et que voit-on ? Cette dépê-
était adressée au journaliste qui foudroyait de son élo-
les infâmes opportunistes!... Elle arrivait de Lille et
mait des renseignements complémentaires sur M. Bo-
Duverdier et le comité central...

« Le lendemain, le journaliste-correspondant
passer à la caisse et de tourner les talons. »

Le journaliste ainsi désigné n'était autre que BLAI-
C'est lui qu'on accusait, d'avoir en même temps, à
et à Lille, encensé et vilipendé M. Bonnet-Duverdier.

M. BLAIRET n'a jamais répondu d'une manière satis-
à cette accusation.

Il n'y répondit que par des injures et des imputa-
contre M. Edmond Poirier, imputations qu'il
dans l'impuissance de justifier.

Les injures lui valurent, de la part de M. Poirier,
de deux témoins. C'est dans la *Souveraineté du peuple*
1er septembre que nous trouvons le récit de la réception
fit Blairet à ces deux témoins. M. Poirier a la parole

« *Nous avons prié hier matin deux de nos*
amis, d'aller proposer au rédacteur de la
« FER OU LE PLOMB » *dont il paraissait si friand.*

« *Nos témoins l'ont trouvé livide, tremblant,*
comme le sont toujours les insulteurs qui sont lâ-

» Il a naturellement... refusé. Et pour quelle raison
» Je vous la donne en mille à deviner :

» Il a prétendu... qu'étant directeur politique d'un journal, il ne pouvait se commettre qu'avec son pair.

» On vous en f...outra des pairs !

» Fer et Plomb ! » M. le directeur politique, vous êtes dur pour les pauvres journalistes qui ne sont que rédacteurs en chef, et vous êtes talon rouge, M. le vidangeur Louis XV. »

Blairet ne répondit rien.

Mais, à quelqus jours de là, peu satisfait des horions qui pleuvaient sur sa tête, il chercha de nouveau querelle au *Réveil.*

Ce qui lui valut une réplique dont nous détachons les lignes qui suivent :

Le Tambourineur

« Ce n'est pas d'un de ces bateleurs qui font tant de bruit en ce moment sur les tréteaux de la foire que nous voulons parler. Il s'agit d'un nommé Blairet, qui tient l'emploi de directeur et de rédacteur en chef à la *Dépêche*, aux lieux et place de M. Sirven, fabricant de carton, retiré de l'exploitation politique.

» Nous faisions remarquer avant-hier que ce « ridicule tambourineur » était plus connu des ex-valets de Prim et des aventuriers de l'Amérique du Sud que des Toulousains. Ceci, comme toute vérité, a fait bondir le Blairet, et il s'écrie : Cette fois la mesure est comble. Tant pis pour ceux qui l'ont voulu ! — On croirait qu'il va pourfendre quelqu'un. Ne vous troublez pas, ce n'est qu'un coup de tambour, comme à la foire.

» On s'attend à quelque chose de stupéfiant, et voici la petite machine qu'on est obligé de lire :

» Les républicains du banquet de la salle de Flore sont des « talons rouges » parce qu'ils n'ont pas voulu trinquer avec les amis de la République aimable ; et M. Duportal, leur président, auteur peut-être des compliments audit Blairet, fera bien de désavouer « publiquement » le *Réveil,* s'il ne veut pas...

» Ici se dresse le poing du tambourineur.

» Il résulte de tout ceci que le Blairet qui est venu s'abattre sur Toulouse après avoir essayé un peu de tous les métiers à Madrid, à Montevideo, à Dijon, à Lyon et à Neuilly près Paris, sera chassé de Toulouse comme il a été chassé de partout, avec des huées.

» En attendant, il emplit sa feuille, sur le recto et le verso, au premier étage et au rez-de-chaussée, d'un pathos amphigourique que Jean-Bernard, de drôlatique mémoire, lui envie, dit-on, — bien à tort. Il reçoit des ministres, sur le trottoir, préside des banquets et, après boire, exprime gravement son opinion sur les Titans de la Convention, comme s'il leur avait ciré les bottes, dans le temps. Il dit de Victor Hugo « mon ami, » de Rochefort « mon très cher ami, » d'Auguste Vacquerie « mon maître et ami ; » il sait que ces hommes sont assez illustres pour se laisser tutoyer par le portefaix du coin et qu'aucun d'eux ne se dérangera jamais pour écrire : « Je ne connais pas cet individu. » Il profite de ce dédaigneux silence pour se faire une auréole de leur renommée, absolument comme s'il était lui-même l'auteur de la *Légende des Siècles* ou de *Tragaldabas*.

» Il n'est l'auteur que d'arlequinades qui lui vaudront un jour ou l'autre une place à part dans la galerie des *Grotesques*. »

Presque en même temps que cette tuile, Blairet recevait de la *Souveraineté du peuple*, la douche qu'on va lire et qui a pour titre :

Blairet à Montevideo

« Vers la fin de juin 1870, le « *Sabino* » se présentait dans les eaux de Montévideo.

» Et, détail bizarre : ce bâtiment ordinairement employé au transport du « guano » avait, cette fois à son bord une troupe d'artistes lyriques et dramatiques, à destination de Valparaiso.

» Par suite de quelles difficultés, entre l'impressario et

ses pensionnaires, une partie de la troupe resta-t-elle à Montevideo ? Voilà qui importe peu au récit que nous commençons.

» Il nous suffira de dire que, parmi les débarqués récalcitrants, on remarquait beaucoup un jeune homme de 28 ans, à la parole emphatique et redondante, à l'œil bleu, à la moustache suffisamment retroussée, avec beaucoup de cheveux et peu de préjugés.

» Il répondait aux deux nom de *James Blairet* : Louis, à Toulouse.

» Comment ce beau *jûne*-homme s'était-il égaré au milieu de cette troupe d'artistes ?

» L'abbé Prévost pourrait peut-être nous l'apprendre. Mais, comme le bon abbé n'est plus de ce monde depuis tantôt cent ans, j'aime mieux vous dire que le *jûne*-homme s'était égaré là, comme le papillon aime à s'égarer parmi la fleur.

» La fleur, d'ailleurs, n'était pas sans parfum ni sans charme ; elle avait un talent de dugazon fort apprécié et un léger défaut dans les yeux qui lui donnait encore, un je ne sais quoi de piquant et d'agaçant.

» Que celui qui n'a pas eu une Dugazon dans son existence, se voile la face !

» Bref, tout aurait été pour le mieux dans la meilleure des Amériques du Sud possibles, si un beau jour la dugazon qui s'était probablement souvenue de son ancien répertoire, ne s'était mise à chanter la *Périchole* :

> Oh ! mon pauvre amant, je te jure,
> Que je t'aime de tout mon cœur,
> Mais vrai, la misère est trop dure
> Et nous avons trop de malheur !
> Tu dois le comprendre toi même,
> Que cela ne saurait durer,
> Et qu'il vaut mieux ; Dieu, que je t'aime !
> Et qu'il vaut mieux nous séparer !

» Sans doute. Mais la séparation n'allait guère au brave

jûne-homme, chez qui, « le faux-col, le devant de chemise et la manchette en papier, » avaient déjà remplacé le madapolam envolé.

» Aussi par une belle nuit d'août, les promeneurs attardés de la plaza de la Matriz, purent-ils assister au cinquième acte de « Marion-Delorme », avec cette différence toutefois, que c'était Blairet... par don Didier, qui suppliait et que c'était Marion qui répondait :

> Fuir ! qui fuir ? Il n'est rien que j'aie à fuir au monde,
> Hors vous — et je vous fuis — et la tombe est profonde !

« Que faire ? que devenir, mon Dieu !

Le beau *jûne*-homme songea alors à utiliser sa plume ; cette plume fine et élégante que vous connaissez, en publiant les mémoires du « Sabino » dans les colonnes de la *France* ancien *Moniteur Oriental*, qui lui furent ouvertes par pitié.

» Mal lui en prit.

» Car, un soir qu'il dînait à la table de l'hôtel du Commerce, *Calle del Commercio*, où il a laissé de *chers* souvenirs, un artiste qu'il avait grossièrement injurié dans son feuilleton, vint à lui, pour lui demander une réparation ou pour lui offrir une paire de gifles.

» La réparation fût... refusée naturellement et la correction promise allait être administrée, sans l'intervention des quartiers-maîtres de la canonnière la *Désirée* » — on voit que je précise — qui prirent fait et cause pour Blairet, en voyant à sa boutonnière le ruban de la médaille militaire.

» L'artiste n'eut pas de peine à prouver aux marins que son insulteur n'avait jamais reçu cette distinction réservée aux braves, et le Blairet en fût cette fois encore, pour sa courte honte.

» Mais reprenons notre récit :

» En peu de temps les « mémoires du Sabino » furent épuisés, et les ressources de Blairet aussi, malheureusement !

» Il fallut donc penser à un autre *truc*. C'est ici que nous retrouvons le génie... commercial du rédacteur actuel de la *Dépêche*.

» Suivez bien son raisonnement :

» Si ma prose, s'est-il dit, a été accueillie avec le plus parfait mépris dans le public montévidéen, la faute en est assurément à cette feuille de chou sans valeur, qui s'appelle le *Moniteur oriental*, à qui j'ai fait l'honneur d'accorder ma collaboration.

» Reprenons mon œuvre et livrons-la à l'admiration de mes contemporains par livraisons, à une piastre, (cinq francs) la tranche, *payable d'avance* — la piastre s'entend. »

« Sitôt dit, sitôt fait :

« A l'aide de quel truc, l'ancien passager du « Sabino » parvint-il à recueillir quelques souscriptions *payées d'avance* ? Nous l'ignorons.

» Mais ce que nous savons, c'est que les souscripteurs assez gogos, pour avoir versé leur piastre *d'avance, attendent encore les publications annoncées et... payées.*

» Il nous reste maintenant à dire par quelle série de malpropretés les volontaires de la 2e légion *franco-montévidéenne*, se sont vus obligés de lui ARRACHER les galons de capitaine, qu'ils lui avaient donné dans un moment d'oubli.

» Il semble d'ailleurs que le Blairet ait tenu à nous faciliter cette tâche, en écrivant lui-même ce qui suit, dans la *Dépêche* d'hier soir, 30 septembre 1879 :

... Mais étudiez tout simplement à la surface la valeur de ces derniers vestiges des *bonapartistes*, vous découvrirez sans tarder que, sous la couche très-légère d'honnêteté qui les pare, l'un a mangé la grenouille au régiment...

» Au lieu de *bonapartistes*, mettez *républicains*, et surtout remplacez L'UN par BLAIRET, et vous aurez en deux mots toute l'histoire que nous allons raconter :

» Depuis l'abandon de la dugazon trop cruelle, les fauxcols en papier avaient succédé, chez Blairet, au linge bien luisant;

» Les hôteliers les plus « faciles » avaient fini par lui arracher le veau de la bouche ;

» Les expédients qui sont comme les truffes et qui ne durent qu'un temps, commençaient à s'épuiser ;

» Déjà ses bottes ouvertes de tous côtés « engueulaient » le macadam suivant l'expression pittoresque d'un bohême célèbre.

» Les gogos qui avaient versé *d'avance*, leur piastre (cinq francs), pour la publication des « mémoires du Sabino » et qui ne les voyant pas paraître, se prenaient à murmurer, quand nos malheurs de 70, vinrent fournir au sieur Blairet, l'occasion si impatiemment attendue, de sortir enfin d'une voie qui allait fatalement le conduire à l'hôpital ou à la correctionnelle. Probablement à ces deux maisons hospitalières.

» On comprend facilement qu'une nature ardente et généreuse comme celle de « Fer-et-Plomb, » ait senti tressaillir en lui l'âme de la patrie blessée.

» Aussi, organise-t-il immédiatement... des banquets.

» Ce qu'il raconte de sottises et d'absurdités historiques dans ces réunions, on le devine sans que nous prenions la peine de le dire.

» Mais pendant que le Blairet se contentait de « donner de la voix, » et de la mâchoire dans des banquets, de jeunes hommes plus courageux , plus patriotes surtout, s'organisaient sous le nom de : deuxième *légion franco-montévidéenne.*

» Comment l'intrigant Blairet, que nous connaissons, parvint-il à se faire nommer capitaine de cette légion de braves ? Par les mêmes moyens sans doute dont il s'est servi pour « chiper, » à la *Dépêche,* une situation dont son absence de talent et de moralité le rendait indigne.

» Mais l'erreur ne sera pas *ici* de plus longue durée qu'elle n'a été *là-bas.* Car sous cet uniforme de capitaine qu'il aurait dû respecter l'*aventurier* de Montevideo comme de partout, ne devait pas tarder à reparaître.

» L'occasion se présenta pour lui à Rio-Janeiro.

» L'*Amazone* était à peine amarrée dans le port de cette ville, où elle devait faire un relâche de trois jours, que Blairet s'était déjà introduit chez nos compatriotes pour MENDIER des secours, soi-disant au nom des hommes qu'il conduisait.

» A cette nouvelle, l'exaspération des jeunes hommes de la 2ᵉ légion franco-montévidéenne, qui venaient en France, en patriotes et non en *mendiants*, fut si grande, que l'un d'eux, rencontrant le capitaine Blairet, au foyer de l'Alcazar, — je précise — lui administra devant tout le monde *une maîtresse paire de gifles*, après lui avoir exprimé l'indignation que causait sa conduite à toute la légion.

» Ce serait à croire, en vérité, que la vie de ce triste individu n'a été qu'une gifle immense.

» Il essaya bien d'user de son autorité pour faire arrêter le volontaire ; mais il était trop tard !

» S'il pouvait porter encore les galons de capitaine, il n'en était plus digne.

» Dès leur rentrée à bord de l'*Amazone*, les volontaires de la 2ᵉ légion franco-montévidéenne rédigeaient un procès-verbal dans lequel ils RETIRAIENT à *l'homme qui avait surpris leur confiance*, le droit de les commander, et ils en choisissaient un plus digne : le lieutenant Jacques Collin.

» QUANT AUX SOMMES RECUEILLIES A RIO-JANEIRO, ON SE DEMANDE ENCORE CE QU'ELLES SONT DEVENUES ! ! »

Le long, mais intéressant chapitre que l'on vient de lire a paru dans les numéros des 30 septembre et 1ᵉʳ octobre derniers et porte la signature de M. Edmond Poirier.

Il est presque inutile d'ajouter que Blairet n'a rien trouvé à y répondre.

Blairet parle trop.

Devant les écrasantes révélations qui se dressaient contre lui, le directeur-rédacteur-administrateur de la *Dépêche*, paraissait enfin avoir compris que le plus sage parti, pour lui, était encore de se taire. A peine un petit mot par-ci, par-là, pour faire croire aux lecteurs de son journal que tout ce qui se disait contre lui n'était qu'un tissu de noires calomnies.

Cependant, il eut encore le malheur d'écrire une phrase que le *Réveil* releva en ces termes :

« Le tambourineur de la *Dépêche* a crevé son tambour et cassé sa plume, cette vaillante plume qui traduit en patois de Montevidéo les articles du *Rappel* et les donne comme de son encrier.

» Les confrères parisiens ne lui ayant pas mâché la réponse, le pauvre Blairet reste court. Il ne trouve que dix lignes de charabia à répliquer, lui si prodigue... de la prose d'autrui, et dans ces dix lignes sont les suivantes : « Nous jouissons de l'estime de tous les honnêtes gens *qui nous connaissent.* » Et combien y en a-t-il qui vous connaissent, monsieur le journaliste de hasard ? Est-ce que les honnêtes gens de France savent ce que vous avez fait à Madrid, dans les antichambres de Prim ? Est-ce qu'ils savent quel usage vous avez fait du *lasso,* dans les pampas ? Est-ce que vous n'êtes pas seul à raconter vos exploits à l'armée de Garibaldi ? Est-ce que votre expulsion du *Petit Lyonnais* ne reste pas inexpliquée ? Où sont-ils donc les honnêtes gens qui pourraient affirmer que vous n'étiez pas monarchiste avec Prim à Madrid et bonapartiste à Lyon, comme à Toulouse, d'ailleurs.

» Vous prétendez qu'une personne qui occupe à Toulouse « une très haute situation. » — Serait-ce un couvreur ? — voulait vous vendre le *Réveil.* Ce n'est pas cette personne là qui vous connaît, si toutefois il existe un farceur ayant offert ce qui ne lui appartient pas. Cette personne aurait dû savoir que vous vendez quelquefois des journaux, mais que vous n'en achetez pas, témoin le *Petit Toulousain* que vous prétendez avoir vendu vingt mille francs pour votre propre compte, aux naïfs actionnaires de la *Dépêche,* sans faire participer M. Sirven à cette aubaine.

» Eh ! eh ! ne vous faites pas trop connaître, monsieur Blairet, si vous voulez que l'on vous estime. »

Le jour même où le *Réveil* publiait les lignes qui précèdent,

Blairet, sans nommer personne, vomissait à la fois contre les bonapartistes et contre le *Réveil* une de ces charges ridicules dont il a le secret.

C'en était trop.

Le lendemain, le *Réveil* qui, depuis quelque temps scrutait le passé de cet individu, publiait l'article qui suit :

Une exécution nécessaire.

« Le parti républicain s'est toujours honoré en chassant de ses rangs les hommes indignes, les brebis galeuses qui réussissent à s'y glisser en dépit de toutes les précautions.

» Aujourd'hui, l'individu que nous sommes obligés de jeter à la mer est un bien mince personnage. Nouveau venu dans le parti, sa chute ne provoquera pas dans les cœurs républicains cette poignante déception que d'autres fins misérables y ont soulevée.

» On devine qu'il s'agit de James-Louis Blairet, natif de Laignes dans la Côte-d'Or, aujourd'hui rédacteur en chef de la *Dépêche*.

» Signalement : Taille ordinaire, front bas, cheveux rouges, yeux effarés du bandit qui croit voir à chaque instant surgir les gendarmes.

» Un moraliste a dit : « Lorsque vous entendez un homme parler sans cesse et à tout propos de son honnêteté, méfiez-vous. Il est bien rare que vous n'ayez pas devant vous une canaille. »

» *C'est le cas du sieur Blairet.*

» Depuis qu'il est à Toulouse, cet individu n'a cessé de vanter son honnêteté et de crier au bonapartiste. Aussi chacun s'est-il dit, dès les premiers articles échappés de sa plume : Cet homme-là a quelque malpropreté sur la conscience.

» On devinait juste.

» **Le sieur Blairet est un bonapartiste.**

» En voici la preuve, que nous le mettons au défi de réfuter :

» **En 1868 et 1869, le sieur Blairet collaborait au FIGARO, le journal le plus dévoué à l'em-**

pire, à l'époque même où **Villemessant**, pour prêter main-forte à la police dont les casse-têtes paraissaient insuffisants, fondait la **SOCIÉTÉ des GOURDINS** et aidait la « rousse » à assommer les honnêtes gens dans la rue.

» Le sieur Blairet n'opérait pas, lui, sur le boulevard, mais seulement dans les colonnes de cette feuille. C'est là qu'il déposait des monceaux d'ordures contre tous les républicains espagnols, Py y Margall, Orense et autres, contre ceux-là même qu'il a l'impudeur d'encenser aujourd'hui.

» Voilà l'honnête homme ! Voilà le républicain !

» Comprend-on maintenant l'intérêt qu'a ce malheureux à crier sans cesse au bonapartiste ? Il imite les filous qui se sauvent en criant : Au voleur !

» Que dire de lui après cette écrasante révélation qui, par le plus heureux des hasards, nous arrive juste au moment où ledit Blairet signe, dans la *Dépêche*, un article intitulé : BONAPARTISTE ! avec le point d'exclamation ?

» Que dire de cet ex-collaborateur d'Albert Wolff, de Francis Magnard et de Villemessant ?

» Eh ! parbleu ! ce qu'il en a écrit lui-même hier soir. Il nous suffit de le citer textuellement :

» **Être bonapartiste, c'est être mouchard, argousin, voleur, escroc, proxénète, faiseur de coup d'État, assassin, antipatriote et lâche par dessus tout.**

» Il n'y a plus qu'à mettre au-dessous de ce portrait : *BLAIRET PEINT PAR LUI-MÊME.* »

Le surlendemain de cette exécution on lisait dans le *Réveil* :

PARTI !

» Atteint et convaincu de jaunisse bonapartiste, chronique et invétérée, le Blaireau de la *Dépêche*, dont un journal de la ville racontait, d'autre part, les aventures funambulesques, dans le Nouveau-Monde, n'avait rien trouvé de mieux, pour confondre ses exécuteurs, que d'annoncer mardi qu'il ne répondrait plus à leurs « diffamations. » C'était le silence dédaigneux de Diogène, ou plutôt l'impassible sérénité de « l'astre éclatant » du Tyrtée de Pompignan, car, nonobstant cet engagement, Toto Blairait promettait de « verser des torrents de lumière » sur les questions électorales de l'avenir.

» Le lendemain, c'était autre chose : le silence avait paru insuffisant à Bilboquet ; on peut encore relancer un muet systématique : s'éclipser complètement était plus sûr. On connaît ce dicton du saltimbanque : « C'est le moment de nous montrer, cachons-nous ! » — et mercredi, l'organe traditionnel des foireux en chambre annonçait que son directeur, etc., « absent de Toulouse pour quelques jours, » répondrait à son retour aux susdites « diffamations. »

» Absent de Toulouse ! c'est bien vague ! Où pouvait donc être allé porter sa couardise et ses faux-cols de papier, le don Quichotte de la rue Alsace-Lorraine ? Certes, il était dans l'ordre naturel des choses qu'après les mésaventures nombreuses qui de sa personne rejaillissent sur son journal en cascades lamentables, ses patrons de la boutique financière de la rue de Londres l'eussent invité à porter, comme on dit, ses culottes à Paris. Mais s'il fût parti pour la capitale des banquistes, des pouffistes et des paltoquets, Macaire Blairet nous en eût certainement dit quelque chose, en nous présentant ce voyage piteux comme se rattachant aux plus hautes questions de la politique, aux plus hauts intérêts du pays, comme un simple rendez-vous de Gambetta, de Gortschakoff ou d'Andrassy à leur ami James Blairet.

» Non, le Michel Morin de la *Dépêche* n'est pas absent de Toulouse. Il est simplement sorti comme Madame Benoîton. Il a fait le plongeon en blaireau de race, espérant que quand il sortira de sa cave ou émergera du ruisseau qui l'abrite, le courant naturel des choses, des idées et des passions humaines aura fait diversion aux coups de balai que la salubrité publique nous commande de donner à ce grotesque et écœurant personnage.

» Cependant, pour ne pas abuser de nos avantages, nous

consentons à admettre la réalité de cette absence. S'il est vrai que le sieur Blairet ait été à Paris essayer de conjurer la destitution qui le menace, nous voulons bien lui accorder quelque répit.

» Nous espérions commencer demain la silhouette morale de Polichinelle. Nous retardons cette entreprise jusqu'à son retour. Nous avons besoin d'une réponse quelconque aux révélations produites contre lui pour savoir à quelle sauce le Blairet doit être accommodé. »

Eh bien ! non, le *Réveil* se trompait ce jour-là : Blairet était réellement parti pour Paris.

C'est par un télégramme adressé à la *Dépêche* que les Toulousains acquirent la certitude et la preuve de ce voyage. Ils apprirent en même temps et par la même occasion que le *Réveil* et la *Souveraineté du Peuple* allaient être traduits en justice pour s'être permis d'étudier le passé, le présent et l'avenir dudit tambourineur.

Bien loin de pleurer à la lecture de ce télégramme, le *Réveil* se hâta de répondre :

Le dirai à maman, na !

« Voilà cinq ou six mois que le sieur Blairet, sorti on ne sait d'où, s'abattit tout à coup sur Toulouse, et dans Toulouse, sur la baraque sujette à reculement qu'on voit briller le soir de feux électriques, rue Alsace-Lorraine. Baraque de saltimbanques, exploitée jusqu'à la venue dudit Blairet par des marchands de papier, noir sur blanc, qui faisaient leur métier en respectant les règles de la civilité puérile mais honnête.

» Le James-Louis au poil fauve, arrive. Grande rumeur. C'est un homme à biceps, un lutteur indomptable, aux pieds duquel tous ses confrères devront se tenir en adoration. Il connaît la cuisinière de Victor Hugo, il a ciré les bottes de Rochefort, il a brossé le chapeau de Vacquerie. C'est un journaliste comme on n'en voit guère en province. Oh ! mais là ! comme on n'en voit pas ! Il a appris l'art des courbettes dans les antichambres de Prim ; il a vogué sur le grand Océan en compagnie d'acrobates qui l'ont initié à bien des tours ; il a appris la langue française à Montevideo, et enfin il a *regardé* les soldats de Garibaldi cognant les Prussiens. Ce n'est pas arrivé à tout le monde, ces choses là. Que diable !

» Et puis, au besoin il jouerait de l'épée, du chausson et de la fourche d'écurie. Dans un grand besoin, par exemple ! Ah ! oui, on ne peut pas se commettre avec ses inférieurs.

» A peine débarqué il tape à droite, à gauche, sur le premier venu. On lui fait observer poliment qu'il dit des bêtises, ce qui est son droit, mais qu'il attaque des gens qui le laissaient parfaitement tranquille.

» Il réplique : — Zuze un peu, mon bon, si tu m'avais dit quelque chose !

« Un Marseillais de Montevideo ! Oh ! nenni, faut pas s'y faire, illustre monsieur Blairet, le gascon ne se laisse pas prendre à ces poses.

» On ausculte ledit Blairet, on fouille son passé, on pèse ses exploits, on tâte son républicanisme, et l'on découvre que ce petit garçon n'est ni de Marseille, ni de Montevideo, mais tout bonnement de Laignes, dans la Côte-d'Or ; qu'il n'a de fauve que le crin et que la chemise de propre, quand il en change.

« On le lui dit. Il se démène, il crie, il insulte. On lui prouve qu'il a manqué sa vocation ; qu'il était né tambourineur et que tambourineur il mourra. Il crache dix lignes de sottises. On frappe plus fort ; on lui prouve qu'il était bonapartiste en 1868, qu'il buvait dans le verre de Villemessant, à cette époque...

« Il faut s'attendre à une réplique foudroyante, à quelque chose d'énorme. Nous allons être écrasés, confondus.

« Le télégraphe joue. Et voici ce qu'on lit dans la *Dépêche* :

« Toute réponse est inutile. On m'assassine, c'est de la brutalité... Vais le dire à maman Justice, na ! »

« Eh bien ! et le foudre de guerre ? N, i, ni, fini. Il n'en veut plus. Il se rend.

« Ah ! pardon, mais nous n'avons pas fini, nous, et nous n'avons pas même commencé. Nous disions hier que nous commencerions aujourd'hui, mais réflexion faite, nous attendrons le retour du Blairet. Sa présence nous est indispensable. Nous avons besoin qu'à chaque révélation il nous dise : « C'est vrai » ou « ce n'est pas vrai » parce que... Suffit ! On nous devine.

« Quant à maman Justice... Eh ! nous n'avons pas de répugnance à causer avec elle sur le compte dudit Blairet. Le pauvre petit aura bien de la chance s'il s'en tire avec quelques claques et du pain sec. »

Le *Réveil* voulait attendre la rentrée de Blairet. Il n'attendit que quatre ou cinq jours, et voici comment il le reçut :

Rigollot-Blairet.

« Ne vous désolez plus ! L'inventeur du vrai sinapisme, du sinapisme unique, Rigollot-Blairet est arrivé dans nos murs. Il le fait savoir à tous et un chacun, afin que nul n'en ignore.

» Rigollot-Blairet n'est pas content : on a répandu des infamies sur son compte. Ça ne l'empêchera pas de continuer à exposer son sinapisme dans tous les kiosques, mais comme ça pourrait porter préjudice à la vente dudit sinapisme, Rigollot-Blairet va prendre des mesures. Il va confondre les méchants.

» A cette fin il s'est « mis immédiatemment en rapport avec son avoué. » Mais qui sont les méchants ? Eh, parbleu ! les « journaux bonapartistes. »

» Rien du *Réveil !*

» Blairet est un gros malin. Il se doute bien, n'ayant pas perdu tout à fait la mémoire, que les preuves de son bonapartisme d'autrefois existent quelque part, dans un paquet de lettres et d'articles non publiés qui ne se sont pas perdus. S'il annonçait qu'il va faire un procès au *Réveil*, journal républicain, il aurait lieu de craindre qu'on se dît : Mais c'est bien ça, le bonapartiste se révèle ! Aussi ne parle-t-il que de poursuites contre des « journaux bonapartistes. »

« Heureusement que nous le savons d'autre part que de la *Dépêche* : le tambourineur veut faire un procès au *Réveil*.

« Eh bien, soit ! Le papier timbré du marchand d'orviétan sera le bienvenu. Nous savons déjà comment il écrit le patois de Montevideo ; il nous plaît d'apprendre de quelle façon il parle la langue de Bridoison.

« Et pour que l'euvie ne lui passe pas de faire un procès, nous le lui renouvelons clairement :

« Tout ce que nous avons dit sur son tambourinage, sur son bonapartisme du temps de l'empire, sur ses relations avec le Villemessant qui inventa la *Société des gourdins*, auxiliaire de la police impériale, tout cela, nous le maintenons.

« Il y a des charlatans inoffensifs. Le service de la salubrité peut les laisser vendre leurs drogues en toute liberté, à grand renfort de grosse caisse : les sinapismes du vrai Rigollot, l'insecticide Dumeil, les capsules contre le ver solitaire ne font de mal à personne ; si ça ne guérit point, ça ne tue pas. Mais les tartines-Blairet, mixture perfide de bonapartisme et de républicanisme, peuvent causer des désordres graves ; il importe de démasquer cet empoisonneur effronté.

« Ce n'est donc pas assez d'avoir affirmé, nous voulons prouver, et nous prouverons.

« Le pauvre tambourineur a tort de parler toujours comme s'il était à la foire, de crier, pour faire fuir les incrédules et amenter les badauds : « Je mets au défi !... Je défends !... »

« On ne nous défend rien du tout.

« Avant Rigollot-Blairet, l'orléaniste Ebelot a voulu jouer contre le *Réveil* du spectre judiciaire ; ça l'a presque tué ; le bonapartiste Blairet en crèvera sûrement.

« Il est permis d'afficher : « Mon sinapisme est le meilleur des sinapismes, » mais, à l'exemple du sergent de ville Prévost, dire à tous les gens qu'on rencontre : « Celui qui a fait le coup mérite d'être guillotiné, » ça mène loin, monsieur

Blairet, ça mène loin lorsqu'on est soi-même l'[illegible] dépeçage.

« Nous ne tarderons pas à le lui prouver. »

Les preuves que le *Réveil* se proposait alors de prod[uire] sont à extraire d'un dossier comprenant 39 lettres qu[illegible] sent la correspondance *complète* du sieur Blairet avec l'[Éman]*cipation*.

Blairet ayant déclaré qu'on ne pouvait pas suspecter [son] républicanisme puisqu'il avait été le correspondant de l'*Éman-cipation*, il ne nous reste plus qu'à étudier

Le dossier Blairet.

Ainsi que nous le verrons plus tard, M. Louis Blai[ret] qu'il ne faut pas confondre avec M. James Blairet, so[n] cafetier à Verrey-sous-Saulmaise (Côte-d'Or) — M. Loui[s Blai]ret était à cette époque, août 1868, employé chez MM. [illegible] et Henrotte, banquiers à Paris, à raison de 166 fr. 70 [par] mois. Très petit employé, par conséquent.

Il est probable que c'est au guichet de ces banquier[s que] M. Blairet connut le général Prim et ses compagn[ons d'ar]mes, alors réfugiés à Paris. Peut-être eut-il l'occasion de [ren]dre à ces personnages de ces petit services que [illegible] employé. Il fit sans doute leurs commissions et s'[illegible] sorte dans leurs cabinets. D'après ce que nous savon[s au]jourd'hui de son aplomb, il est probable qu'il réussit à se [illegible] passer pour un incompris, condamné à aligner des ch[iffres] chez un banquier par une fortune aveugle. Les [illegible] coupent facilement dans ces ponts-là.

Pour capter la confiance du général, il publia, dès le [com]mencement de ses relations avec lui, une brochure [intitulée] *Le général Prim et la situation de l'Espagne en 186[8]*, flagornerie qui lui ouvrit définitivement la porte du [illegible] et lui procura quelques confidences sur ce qui se [illegible] Espagne.

Le jeune homme était déjà fort pratique. Il [illegible] battre monnaie avec ses nouvelles d'Espagne appri[ses]

ris. L'*Emancipation* venait d'être fondée à Toulouse et faisait déjà quelque bruit. Hardiment, le Blairet offrit ses services. Voici les termes de sa première lettre. On dirait un prospectus de Mangin vantant ses crayons.

« Mes relations directes et *intimes* avec le NOBLE général
» Prim et les principaux chefs de l'émigration espagnole, les
» recherches qu'il m'a fallu faire sur la politique de l'Espa-
» gne, mes études sur l'Amérique et particulièrement le
» Mexique, où je compte beaucoup d'amis, me permettent
» d'affirmer que tous mes renseignements sont d'une EXACTI-
» TUDE PARFAITE et que je suis en mesure d'en obtenir conti-
» nuellement de nouveaux, et qui soient des plus intéres-
» sants.
» S'il vous plaisait d'accepter mes offres de rédaction pour
» un *Courrier de Paris*, je serais heureux... etc. »

Ses offres de service furent acceptées.

La collaboration de Blairet en *lettres* ou *nouvelles* d'Espagne commença vers le 5 ou 6 août.

Jusqu'au 8 septembre, rien de nouveau à signaler. La révolution espagnole n'avait pas encore éclaté. Le correspondant de l'*Emancipation* n'avait guère que des nouvelles à transmettre, sans appréciation politique.

C'est seulement aux approches de cette révolution que le Blairet se dessine. Dans une lettre portant la date du 8 septembre, nous lisons déjà :

« La dictature de Prim est certaine, et alors..... »

Ces points semblent dire : « Et alors... ma fortune est faite. »

Huit jours plus tard, il écrit :

» Allez de l'avant pour Prim. Il ne s'agit plus de quelques
» abonnements, mais de *jouer une belle partie*.
» NE SOYEZ PAS TROP RÉPUBLICAIN. »

C'est la première fois que ce mot « républicain » apparaît dans la correspondance de Blairet. Il reviendra plus tard.

En attendant, il prie M. Duportal de mettre en français les nouvelles et articles absolument décousus qu'il lui envoyait, promettant que Prim lui serait reconnaissant de cette bonne œuvre.

Dans une lettre portant la date du 20 septembre, M. Blairet commence enfin à se démasquer. Nous citons toujours textuellement :

« Ne soyons pas trop *républicains*, car avant tout nous
» sommes *primistes*. Car c'est Prim qui nous dirigera après
» le succès. Ne vous inquiétez pas, d'ici-là. Un peu de pa-
» tience. Quant au reproche que vous m'avez fait au sujet
» de mon enthousiasme, *vous me comprenez bien.....* »

Oh ! oui, on commençait à le comprendre !

Le rédacteur en chef de l'*Emancipation* avait déjà fait des reproches à Blairet sur le caractère trop peu républicain de ses lettres, et il s'était vu dans la nécessité d'en supprimer complétement un certain nombre et de ne publier les autres qu'après leur avoir fait subir des corrections importantes.

Dans une lettre du 22 septembre, Blairet avoue, pour la première fois, sa collaboration au *Figaro*.

La révolution espagnole éclata précisément ce jour-là.

La première appréciation de Blairet sur cet événement porte qu'il ne devait éclater que le lendemain, 23, mais que « ce sont les démocrates qui, pour profiter des bénéfices de » la Révolution, l'ont précipitée. » Suit un éreintement des démocrates « qui ne sont que des agitateurs, qui n'ont jamais » payé de leur personne » et qui, dans leur manifeste, font un appel à la guerre civile, « le plus funeste de tous les » maux. »

C'est dans cette même lettre, portant la date du 2 octobre, que nous lisons les lignes instructives qui suivent, à propos de Prim :

« Que mon héros n'ait pas toutes vos sympathies, soit !
» Mais, sachez-le bien, si vous voulez..... ne comptez que
» sur lui. La République est impossible en Espagne. Procla-
» mez ses bienfaits tant qu'il vous plaira, mais jamais de ma-

» nifestes défavorables à qui vous savez..... Avant tout,
» *soyons positifs.* »

On conviendra que voilà une singulière façon d'être républicain. Si nous comprenons bien les phrases interrompues et les points de suspension qui précèdent, Blairet voulait donner à entendre à M. Duportal que Prim lui paierait ses complaisances.

Nous n'avons pas la lettre que M. Duportal écrivit à Blairet, en réponse aux insinuations et aux déclarations qui précèdent, mais elle dut être sévère, si nous en jugeons par un petit billet dans lequel Blairet cherche à s'excuser et conclut en disant :

« Défendez donc la République, mais n'insérez pas les pro-
» clamations qui prêchent la discorde et la guerre. »

On sait que les proclamations dont il s'agit étaient celles qui avaient pour but l'établissement de la République en Espagne.

Le correspondant de l'*Emancipation* devient tout à fait clair sur ce sujet dans un article dont l'insertion a été refusée par M. Duportal. On y lit :

« Voyons d'auord ce qui met fort en colère les plus ar-
» dents défenseurs de la démocratie radicale. Ils espéraient
» que le général Prim ferait tous ses efforts pour donner la
» République au peuple espagnol. Etait-ce là le seul motif
» pour lequel ils défendaient la politique du général ? Mai-
» alors ce n'est plus qu'une question de prêté-rendu, et je ne
» vois pas trop ce que le comte de Reus y eût gagné, s'il
» s'était soumis à une condition qu'il n'a ni sollicitée ni ac-
» ceptée.
» Il n'est pas possible d'admettre qu'on ait pu croire sé-
» rieusement que le général Prim renversait le trône d'une
» reine ingrate envers son peuple, uniquement pour faire
» plaisir à ceux dont je veux parler, et pour établir la Répu-
» blique en Espagne. »

Cette fois, c'est bien clair, Blairet avoue que Prim n'a jamais eu l'intention d'établir la République en Espagne; qu'il ne l'ignore pas, lui, Blairet, et que c'est pour cela même qu'il en a fait son héros.

Voilà ce que le tambourineur de la *Dépêche* appelle son « républicanisme du temps de l'*Emancipation* ! » Le malheureux ! il était prêt à tout, même à la monarchie du prussien Hohenzollern !

A la suite de l'article qui précède, se trouvent les lignes confidentielles que voici :

« Vous me comprenez *entièrement*, n'est-ce pas ? e pour
» ménager vos opinions radicales, vous voyez comment je me
» suis arrangé ! »

Pas assez bien arrangé cependant pour que l'*Emancipation* ne vît pas clair dans son jeu. Nous constatons, en effet, que, depuis cet article, M Duportal a déposé soigneusement, aux archives du journal, tous les articles que lui adressait le sieur Blairet.

Le correspondant de l'*Emancipation*, en quittant Paris pour se rendre à Madrid, avait si bien pris son parti du rôle, quel qu'il fût, qu'il allait chercher en Espagne, à la solde de Prim, que dans une lettre portant la date du 21 octobre, il écrit :

« Si je devais me démentir, je le ferais, vous priant seule-
» ment (dans ce cas), de ne pas mettre ma signature. »

Voilà qui s'appelle avoir le cynisme de son opinion.

De Madrid, il écrit :

« Le général Prim n'a jamais eu l'intention de se faire pro-
» clamer empereur, ni celle d'accepter la couronne si elle lui
» était offerte. Il reste donc un prétendant légitime qui ac-
» ceptera, lui. Je vous laisse le soin de le nommer. »

C'est au duc de Montpensier que Blairet faisait allusion. Il était prêt à soutenir ce prétendant « légitime. »

C'en était trop. Le conseil d'administration de l'*Emancipation* se réunit et décida que le journal chercherait un autre correspondant.

Nous n'avons pas la lettre de M. Duportal, qui fit part de cette décision à Blairet, mais la réponse de celui-ci est en notre possession. Elle porte la date du 12 novembre 1868 et constate que la collaboration de Blairet au *Figaro* est l'un des griefs qui lui sont reprochés. Cette collaboration avait pris, en effet, un caractère franchement monarchiste.

Ici, finit l'histoire des relations de Blairet avec l'*Emancidation*.

On conviendra qu'elle est concluante et qu'il en résulte d'une façon bien évidente que le directeur-rédacteur-administrateur de la *Dépêche* professait, à cette époque, des opinions aussi anti-républicaines que possible.

Il ne nous reste plus, pour édifier complétement les lecteurs de la *Dépêche* qu'à citer un document découvert par M. Poirier, rédacteur en chef de la *Souveraineté du Peuple*.

Blairet n'était pas républicain en 1868, nous l'avons suffisamment démontré. La pièce qui suit prouvera aux plus incrédules qu'il ne l'était pas davantage en 1872.

LETTRE

Du sieur BLAIRET, ACTUELLEMENT rédacteur en chef de la Dépêche de Toulouse, à M. de Villemessant.

Paris, le **11 mars 1872**.

Monsieur de Villemessant,

Je vous adresse sous pli ci-joint le récit du voyage DONT J'AI EU L'HONNEUR DE VOUS PARLER HIER MATIN :

« *De Paris à la Nouvelle-Calédonie.* »

J'ai une peur grande que vous le trouviez trop long, bien qu'il puisse être publié en trois fois ou quatre au plus ; cependant, je *bifferais* les longueurs vous paraissant inutiles.

C'EST DANS LE « FIGARO » SURTOUT QUE JE TIENS A PUBLIER CES PAGES. *Dans votre journal, j'ai fait* MES PREMIÈRES ARMES en 1867 et en 1868, à propos des hommes et des choses de l'Espagne ; et à la veille de quitter à nouveau la France, JE VOUDRAIS BIEN PARTIR PAR LE MOYEN DU *Figaro*.

Je vois le 24 mars se rapprocher trop rapidement, car je ne pourrais ni aller dire adieu aux miens en Bourgogne, ni mettre ordre à mes affaires, ici, et peut-être serais-je forcé de ne pas utiliser le passage gratuit que m'accorde le ministre de la guerre pour avoir amené à *mes frais*, une légion de volontaires français en novembre 1870. C'est vous dire que j'ai complétement sacrifié ma petite fortune, et que je resterais volontiers en France, SI JE POUVAIS Y PLACER MA COPIE.

Pardonnez-moi mon insistance pour obtenir UN BILLET DE FAVEUR à mon récit, en raison de ma pénible situation, et veuillez agréer, M. de Villemessant, L'EXPRESSION DE MES SENTIMENTS RESPECTUEUX ET BIEN DÉVOUÉS.

Louis BLAIRET

Ex-commandant de l'armée auxiliaire,
5, rue Beauregard.

Nous pourrions ajouter quelques petits faits ; raconter, par exemple, qu'en 1871, Blairet a été ramené de Perpignan à Lyon par la gendarmerie, pour s'être affublé des galons de colonel, alors qu'il n'était que capitaine de recrutement, ainsi que cela résulte d'une déclaration du secrétaire du général Frapolli qui se trouve entre nos mains.

Nous pourrions ajouter qu'en 1871 Blairet s'était présenté au général Frapolli comme ancien lieutenant-colonel, ainsi que cela résulte d'une dépêche officielle de ce général également en notre possession.

Ce sont là des détails de peu d'importance au point de vue politique, et c'est sur ce point que nous tenions à éclairer plus spécialement les républicains de Toulouse et de toute la région qu'exploite la *Dépêche*.

Leur édification doit être complète : le tambourineur est maintenant démasqué.

Pour copies et extraits certifiés conformes,

L. CLUZON, gérant du *Réveil.*

LE RÉVEIL

POLITIQUE, LITTÉRAIRE, SCIENTIFIQUE

LE NUMÉRO : 5 CENTIMES

ABONNEMENTS

TOULOUSE		HAUTE-GARONNE ET DÉPARTEMENTS LIMITROPHES	
Trois mois . . .	4 fr. 50	Trois mois . . .	5 fr. 50
Six mois	9	Six mois	11
Un an	18	Un an	22

POUR TOUTES AUTRES DESTINATIONS

Trois mois	7 fr.
Six mois	14
Un an	28

RÉDACTION ET ADMINISTRATION

Allées Lafayette, 10 bis

TOULOUSE

LE FRÉTILLEUR

JOURNAL POLITIQUE HEBDOMADAIRE, ILLUSTRÉ

Le **FRÉTILLEUR** est le seul journal de notre région qui donne des dessins et caricatures dignes d'être comparés aux plus belles illustrations des journaux satiriques de Paris.

KA MILL, du *Frétilleur*, peut hardiment tendre la main à André Gill et à Gilbert Martin.

Il a de l'esprit comme Gill et de la correction comme Gilbert Martin.

Six Mois, 5 Fr. Un An, 10 Fr.

LE NUMÉRO : 15 CENTIMES

BUREAUX DU FRÉTILLEUR

ALLÉES LAFAYETTE, 10 BIS, TOULOUSE

9 782019 960674